SPARTE

Heureux qui comme...
Collection conçue et produite par Marc Wiltz,
dirigée par Émilie Cappella

en partenariat avec le magazine GEO

59, rue Caulaincourt - 75018 Paris
Tél : 01 53 28 03 05 - Fax : 01 40 82 98 73
E-mail : wiltzmag@club-internet.fr

SPARTE

Paysage d'un mythe

Maurice Barrès

LE PARFUM DE L'HÉROISME

Présenté par Émilie Cappella

Si je cours dans ces montagnes du Péloponnèse,
c'est pour y ressentir des humeurs nouvelles et les traduire
en phrases longues, brèves, lourdes, ailées,
pareilles à des barques mouvementées sur mon cœur.

Discipline idéale

L'historien grec Thucydide prédisait qu'il ne resterait rien de Sparte. De fait, à part quelques vestiges des temples et du théâtre, quelques stèles ou ex-voto, cette cité de guerriers n'offre rien au voyageur attiré par sa réputation légendaire. C'est pourtant Sparte que Maurice Barrès choisit pour "favorite", selon son expression, et c'est encore Sparte qui couronne le voyage en nommant le récit.

Aux yeux de Barrès, peu importent ces ruines. Sa quête est celle d'une terre, d'un paysage éternel qui lui donnera le sentiment de l'héroïsme collectif. En effet, dans l'histoire de la Grèce antique, Sparte représente le dévouement absolu de l'individu à la chose publique. Vouée à la discipline militaire, elle impose à ses citoyens un dressage, l'*agôgè* : outre le maniement des armes et la gymnastique, on leur inculque l'esprit égalitaire par des pratiques de vie communautaire en temps de paix et par la rude discipline de l'hoplite en temps de guerre. Destinés à défendre la patrie, ils n'ont pas comme les autres guerriers grecs l'ambition de se distinguer. La discipline oblige chacun à s'aligner sur ses compagnons d'armes, sans rechercher l'exploit individuel.

Barrès compare l'eugénisme spartiate à un élevage en "haras" mais n'en considère pas moins la vocation de ses citoyens comme un idéal patriotique. Son fanatisme paraît cependant se modérer lorsqu'il ajoute : *« Et le culte de la race, s'il nous donne le secret d'une énergie et d'une aristocratie incomparables, nous explique aussi la décadence. »*

Lorsqu'il effectue ce voyage qui semble un pèlerinage, Maurice Barrès a presque quarante ans. Deux paysages intérieurs le séduisent alors. L'un est dépouillé, austère et viril, l'autre luxuriant et sensuel. Le chemin de Sparte figure ces paysages réconciliés dans un idéal héroïque.

Héroïsme et grandeur

D'emblée, l'héroïsme apparaît davantage comme l'objet d'une quête, sorte de fantôme obsessionnel, que comme une qualité objective. Ainsi aux approches de Sparte, l'auteur note *« quelques bandes de terre rouge héroïsent le paysage »*. Et un peu plus loin, bouleversé par le Taygète, il s'écrie : *« L'homme veut tuer et se perpétuer, et les pics sévères que voici présidèrent aux efforts les plus réussis de ces deux sauvages instincts pour s'élever à l'héroïsme ! »*

Néanmoins, il s'agit bien pour l'écrivain de faire croire à une qualité intrinsèque du paysage. Le paysage exprime les vertus de ses habitants, voire, il les contient. De la plaine qui relie Sparte à Mistra, le lecteur doit croire qu'elle expose l'âme du peuple mythique : *« Cette plaine éternelle exprime des états plus hauts que l'humanité. Je puis dire d'un seul mot, le plus beau de l'Occident, ce que j'ai d'abord perçu dans ce fameux paysage : de la magnanimité. »*

Si l'âme héroïque se dresse avec le mont Taygète, son double sensuel s'alanguit avec l'Eurotas, ce fleuve "lascif" écrit Barrès. Sur ce qui reste du tombeau de Léonidas, ces paysages de l'âme composent une harmonie du soir ouverte sur des transports plus charnels : *« Mais peut-être les pierres de mémoire élargissent-elles en tombant le culte qu'elles commémoraient. La plaine tout entière devient un monument aux héros. Ce soir, l'horizon, l'histoire et ma chétive pensée font un accord inoubliable. Le soleil a disparu derrière le Taygète, les splendeurs sensibles s'éteignent et cèdent à la fièvre, que je m'enivre encore de la vallée de Sparte. »*

Sensualité

Comme dans l'amour courtois des chevaliers que Barrès affectionne, Hélène donne à l'homme le désir d'être un héros. Loin de freiner la vertu, la sensualité récompense les cœurs valeureux. Ainsi donc, pénétré d'héroïsme, enfin serein, l'auteur peut se laisser toucher par les plaisirs sensuels. La grâce le fait voyager non plus seulement dans le temps, mais dans le corps du héros désigné par le paysage : *« J'accompagnais le beau Pâris quand il emporte son amante vers l'île de Cranaos, où leur premier lit est dressé par le plaisir éphémère. »*

Du reste, le texte est parsemé de parfums qui rendent plus sensible au lecteur ce voyage d'un homme exalté par son imagination. Les valeurs morales ici et là dénotent l'esprit acharné à transfigurer le réel, le fanatique avide de grandeur, mais avec les parfums et les sensations, le poète redécouvre une réalité enfin humaine et admirable.

Ayant trouvé à Sparte les paysages que son âme rêvait, Maurice Barrès songeait alors à s'y établir. Il est regrettable qu'il ait finalement décidé de poursuivre sa carrière politique en France.

LE VOYAGE DE SPARTE

Les approches de Sparte

Dans les pauvres rues de Tripoli, je cherchai vainement un vestige du récent passé turc. Rien ni personne ne me renseigna sur le pacha de la Morée, tel qu'il survit dans les chants populaires, assis dans ses jardins, avec sa garde d'Albanais, ses esclaves noirs tenant de beaux chevaux, ses janissaires de tragédie, son sérail plein de secrets, ses confiseurs, ses pages, ses bouffons, ses musiciens, ses montreurs de marionnettes obscènes, son chapelain et son bourreau.

En revanche, chacun voulut que je visitasse, à deux heures de Tripoli, le champ de bataille de Mantinée.

Je cédai, car en voyage il faut battre tous les buissons de peur de manquer son plaisir. Mais Pélopidas non plus qu'Épaminondas ne me firent compagnie ; je pensais à Chateaubriand qui passa ici le 14 avril 1806. Le lendemain, il se rendit chez le drogman du pacha. On lui répondit que son excellence venait d'entrer chez ses femmes. Byron aussi traversa Tripoli. Son génie doit beaucoup à son premier voyage de Grèce, comme sa gloire à son second. Cette Grèce, où nous venons prendre des leçons de classicisme, a fourni plus qu'aucun lieu des couleurs au romantisme. Même aujourd'hui qu'en apparence elle s'est expurgée, elle garde un fond de fièvre mal assoupie. Et voici un thème bizarre qu'en revenant sur Tripoli, elle me suggérait de broder.

Quand les Grecs de Colocotroni prirent la ville d'assaut, en 1821, ils massacrèrent toute la population turque, hors les femmes du vieux Kourchid-pacha, gouverneur de la Morée. Les jeunes vainqueurs s'amusèrent avec ces personnes d'un charme sauvage, qui en eurent elles-mêmes du plaisir. Mais leur rachat ayant été conclu par traité, elles furent rendues à Kourchid. Il les fit coudre dans des sacs et jeter à la mer. Si l'on savait donner des âmes variées et vraisemblables aux personnages de ce drame brutal et même aux brutes qui cousirent les sacs, on aurait une belle occasion de produire toute la gamme qui va de la volupté à la cruauté.

Ce ne sont pas les ombres de ces belles hurleuses qui, en mai 1900, visitèrent mon sommeil. Vers les cinq heures du matin, je me levai d'entre les punaises.

Soixante kilomètres d'une route excellente séparent Tripoli de Sparte. Je fis un détour de deux lieues pour visiter la cathédrale de Palæo Episcopi, seul reste de la ville de Nicli, dont Geoffroy de Villehardouin, au XIIe siècle, fit une baronnie, et qui repose sur l'emplacement de l'antique Tégée.

Dans un paysage herbeux, à travers une grande plaine cerclée de montagnes puissantes et semée de moulins à vent ou de petites villes peu distinctes sur des vallonnements, j'atteignis mon église. Je reconnus dans ses murs plusieurs fragments de bas-reliefs et de colonnes de marbre, puis un pappas m'introduisit dans le dôme central, flanqué de quatre petits dômes. De là, je poussai jusqu'à la bourgade voisine qui se nomme Piali.

On y conserve un bas-relief de marbre, un lion de grandeur naturelle, que les manuels affirment l'un des plus remarquables morceaux de la sculpture grecque. Nous ne pûmes pas d'abord obtenir la clé. Celui qui la garde était absent. Il fallut nous asseoir patiemment sur les pierres turques qui protègent le puits. Hercule aussi s'est attardé au puits de Piali, mais il y violait Augé, prêtresse d'Athéna. C'est une bonne manière de tuer le temps. Le chœur grec s'était formé autour de nous et je compris dans cette journée combien ce personnage du théâtre ancien est pris dans la vérité locale. Ces raseurs, au nombre d'une vingtaine, m'entouraient ; un seul parlait et tous l'approuvaient de la tête. Le chœur disait :

« Ô étranger, ne t'impatiente pas. Tu veux voir le lion qui est admirable. Il est vraiment derrière cette porte fermée, et cette fermeture même te prouve combien ce lion est un objet précieux. »

Une vieille m'apporta une fleur ; cette attention et la fleur furent célébrées en termes hyperboliques par le chœur.

« Voilà comme nous sommes, nous, les antiques descendants de ces Tégéates que tu es venu admirer de fort loin, car tu n'es pas une bête et tu sais notre supériorité : aussi tu t'empresses de donner une piécette à cette excellente vieille et tu trouveras encore l'occasion de nous en donner. Ce qui te prouve que tu as tort de t'impatienter si la clef tarde à venir. »

Des enfants assez gentils passèrent avec des ardoises, où, sans doute, on les dressait à écrire les hauts faits des

Tégéates. Le chœur nous les montrait avec orgueil. Je n'ai jamais vu qu'un bébé de quatre ans, et qu'on gâte, pour s'émerveiller de soi-même aussi naïvement et, je dois le dire, aussi sincèrement que fait cette nation. Parmi ces gens qui nous entouraient, il y a de gros Turcs aisément reconnaissables, mais, s'appeler des Grecs, cela transforme un peu le sang. Enfin, après plus de temps qu'il n'en fallut, je ne dis pas à Hercule, mais à sa prêtresse violée pour engendrer leur fils Télèphe, on m'ouvrit une sorte d'écurie obscure au fond de laquelle gisait le chef-d'œuvre.

Le chœur entré avec moi me boucha complètement la lumière...

Une fois de plus, j'avais fait tout un voyage pour abandonner, sur un dernier obstacle, ma curiosité. Et détourné par mon impatience de ce lion, que je voudrais aujourd'hui revoir, je n'attendais plus rien, sous la chaleur grandissante, que de Sparte ; je la réclamais, à peu près de la même manière qu'un dîneur sans appétit, au restaurant, réclame “la suite”.

Au sortir de la Tégéatide, vaste plaine de belle culture où nous avions longuement couru, la route gravit la montagne qui devient rapidement pierreuse. Nous dominions le marais de la Taka, d'une couleur chocolat. À distance, la Grèce, c'est immuablement des lignes pures sous un ciel bleu. Souvenir, sans doute, des beaux jours de l'Attique. Mais, pour gagner Sparte, je trouvai d'abord les hauts plateaux de l'Auvergne : même vent frais, même saleté de l'habitant, mêmes forces et grandeur monotone dans les ballons. Toutefois les vaches d'Auvergne, si elles s'avisaient de pâturer sur ces hauteurs, s'y ensanglanteraient le mufle.

Notre voiture était un landau confortable et le cocher vêtu à l'européenne ; mais il se mit à chanter pour lui-même une sorte de plainte gémissante et monotone qui, malgré l'air vif, me tournait le cœur. C'était une chanson si accablée et si gisante qu'on craignait que les mouches ne s'y missent.

Il paraît que les gens compétents distinguent dans cette musique orientale des variantes. Pour notre oreille inhabile, c'est toujours la même note, une note de plain-chant et un développement soudain interrompu. Elle soulève toute mon âme et puis la laisse retomber. Ce n'est rien qu'un coup d'archet, mais qui déclenche en moi une masse de sensations. C'est l'analogue d'une ritournelle qui, dans un bal, met en branle tous les désirs, tous les caprices d'une jeunesse enivrée.

Cette chanson du cocher de Tripolitza fait voir que la vie n'a pas de but et que la société repose sur des opinions absolument frivoles. « Et moi aussi, nous dit ce pauvre homme, j'aimerais d'avoir une belle femme qui me caresserait avec plaisir ; j'aimerais d'être considéré, d'avoir de l'argent. Mais les femmes rendent bien malheureux ; il faut se donner du mal pour faire sa fortune et du mal encore pour la garder. En outre, quel puissant est sûr du lendemain ? » cette chanson fatiguée, ce sont des désirs étouffés en leurs germes. « Tout est vanité, répète indéfiniment le chanteur ; les choses qui me semblent les plus belles ne valent pourtant pas que je me désole, si je meurs sans les avoir possédées. » Cet humble qui n'a pas fait l'expérience de toutes les occupations humaines ne saurait avoir inventé cette philosophie, mais il l'a respirée dans un souffle qui vient d'Orient, et désormais pour lui elle fait le charme de la vie. Il ne se lasse pas de son refrain. À peine a-t-il exposé sa conception dédaigneuse du monde qu'il a envie de l'exposer de nouveau. C'est sa volupté. Il passe et repasse son archet sur ses nerfs. Il irrite avec délice sa tristesse. Il se caresse comme un matou avec son ronron.

J'excuse, j'admire ce voiturier de se laisser aller à la dérive de son rythme monotone. Comme le soleil dans son parcours, sa pensée ayant aperçu la plus juste évolution qu'elle pût faire, l'exécute sans arrêt. Il est fastidieux, mais persuasif. De kilomètre en kilomètre, sa philosophie me pénètre l'âme. Aussi bien de quel droit pourrais-je le critiquer ? Si je cours dans ces montagnes du Péloponnèse, c'est pour y ressentir des humeurs nouvelles et les traduire en phrases longues, brèves, lourdes, ailées, pareilles à des barques mouvementées sur mon cœur. Quand je suis si personnel que je ne parviens pas à fixer mon attention sur le terrain de Mantinée, sur les vestiges de Tégée, ni sur le lion de Piali, convient-il que je blâme un pauvre cocher qui ne s'occupe, comme moi, qu'à produire son âme ?

Nous suivons un torrent pétré à travers des plateaux stériles. Il semble que la même cause ait désolé cette vaste pierraille et le cœur de mon cocher. Çà et là, un paysan, qu'on dirait un kabyle, mène une charrue, dont le fer débile gratte mal la surface du sol. Parfois on croise une fuite en Égypte. Une heure plus loin, des bergers aux visages noirs nous regardent du haut des rochers. Appuyés sur de longs bâtons et le fusil à l'épaule, ils ont des poses de style. Leurs chiens-loups aboient furieusement. Quelques bandes de terre rouge héroïsent le paysage, mais il a, en général, la couleur du dos des rares ânes qui, les oreilles droites, y promènent leur sympathique humilité.

Un pauvre *khani* nous fournit du lait de chèvre et un café buvable. A-t-il beaucoup changé depuis le passage de Chateaubriand ? « J'avais mangé l'ours et le chien sacré avec les sauvages ; je partageai depuis le repas des bédouins, mais je n'ai jamais rien rencontré de comparable à ce premier *khani* de Laconie. » J'y laisse reposer notre triste cocher mélomane et, d'un pied léger, je le précède. Il est midi ; l'heure ajoute à l'aridité. Seules quelques rares chèvres, dispersées, bravent le soleil qui brutalement vient de succéder au froid. Ces bêtes font toute la vie de ces étroits défilés. Pour la première fois, le mince sujet classique du pâtre qui se désespère d'une brebis égarée m'apparaît avec un sens vivant...

Mon voiturier m'avait rejoint. Par mille lacets, nous gravissons une montagne toute en verdure. Quand nous fûmes exactement au point de partage et que nous franchîmes le col, nous rencontrâmes une tempête qui courait sur nous de la Laconie et qui faillit nous dépouiller ; puis, dans la même minute, à travers les poussières que ce vent furieux soulevait, là-bas, par-dessus les abîmes où gît la plaine de Sparte, nous découvrîmes des crêtes puissantes et nombreuses qui pointaient dans le ciel. Je n'eus pas à demander leur nom : le Taygète !

Sa chaîne se disposait avec ordre et puissance. Un nuage faisait marcher de grandes ombres sur les montagnes plus basses interposées entre nous et cette suite d'arêtes tragiques...

L'ouragan qui nous secouait sur ce plateau pelé s'harmonisait avec mon premier saisissement. Un tel grandiose, dont la musique de Beethoven m'a seule donné l'avant-goût, bouscula mon âme d'une si forte manière que je m'entendis m'écrier : « Hélène, je le jure, n'est pas une poupée ! En elle, la volupté triste se confond avec les fureurs qui affrontent la mort. L'homme veut tuer et se perpétuer, et les pics sévères que voici présidèrent aux efforts les plus réussis de ces deux sauvages instincts pour s'élever à l'héroïsme ! »

Mais déjà de nouveaux renflements des sommets où nous courions me cachaient le Taygète.

Il avait suscité toutes mes forces intérieures. La morose cantilène de mon voiturier ne me semblait plus qu'un soupir de la ville des pachas et la basse mélancolie d'un esclave. Le génie de Lacédémone, dans un grand coup de vent, venait de m'assainir l'âme et de balayer ce chant de malaria.

Bientôt je vis sans obstacle le Taygète, de ses cimes jusqu'à sa base. Pour ajouter à mon plaisir par le contraste, en même temps que je reconnaissais le Taygète comme le héros du paysage, je promenais mes regards dans le ciel plein de nuages et de soleil et dans la riche vallée surabondante de verdures étalée immédiatement sous mes pieds. Je découvris l'Eurotas, dont les eaux brillaient ; les blanches maisons de la nouvelle Sparte éclataient dans les vergers de la plaine ; des villages aux toits rouges, pareils à des bosquets sacrés, s'abritaient sur les flancs généreux du Taygète. Et, perchée sur un monticule, tout au fond du décor, je finis par distinguer la noble ville de Mistra, que je cherchais expressément.

C'est une ivresse de mettre en place, sur des lieux qu'on aborde pour la première fois, des noms de poésie. Je me répète à l'infini ces syllabes : Mistra, Lacédémone, Eurotas, Taygète, tandis que d'interminables lacets nous conduisent au fond de la vallée, parmi des arbustes verts, le plus souvent des lauriers-roses. Un mois plus tard, j'eusse atteint l'Eurotas à travers leurs branches fleuries.

Dans cette dernière heure, la plaine prend un aspect d'incomparable fertilité. Je m'engage entre les huttes qui recouvrent, dit-on, la Sparte des héros. Partout des arbres à fruits et de petites rivières. J'aperçois deux gerbes bruissantes qui tombent de la montagne. Que ne peut la lumière de Grèce ! Elle charge de beauté une colonne de poussière soulevée au loin par le vent.

Sparte, le soir où j'y parvins, embaumait le lilas en fleur. Parmi les blanches maisons de ce grand village neuf, je crus, au premier regard, retrouver l'Andalousie. Grenade par exemple, d'où l'on voit, tout en brûlant, les neiges du Cerro de Mulhacen. Mais à l'ouest de Sparte, le fleuve Eurotas, en s'écoulant parmi ses désolations, fait avec le mont Taygète un accord sublime. Le Taygète vigoureux, calme, sain, classique (bien qu'il porte dans ses forêts toutes les lyres du romantisme), nous propose les cimes d'où l'on juge la vie fuyante. Cette plaine éternelle exprime des états plus hauts que l'humanité. Je puis dire d'un seul mot, le plus beau de l'Occident, ce que j'ai d'abord perçu dans ce fameux paysage : de la magnanimité.

Une soirée sur l'Eurotas

Quelques débris informes, pour la plupart romains,
désignent seuls l'emplacement de Sparte.

Les Guides

J'avais une lettre pour un juge du tribunal de Sparte. Je le priai de me conduire au Platanistas. Il fut perplexe et désira en conférer avec un pharmacien de la grande place. Nous tînmes conseil dans la boutique. Je leur lus ce que dit Joanne.

– En longeant l'Eurotas, si nous laissons à gauche des terrains marécageux et, à droite, le village de Psychiko, nous franchirons un canal qui forme, avec l'Eurotas et la Magoulitza, une sorte d'île triangulaire : c'est, messieurs, votre antique Platanistas.

Cependant que je les instruisais, mon hôte, debout sur une chaise, cherchait parmi ses bocaux une crème vanillée rose :

– La plus nouvelle liqueur de Paris, disait-il en remplissant trois verres.

Je le priai de me remettre quelques cachets de quinine, dont il m'avoua que toute la population se nourrissait.

Ces deux aimables Spartiates se préparaient à visiter l'exposition de Paris. Tout en me conduisant au Platanistas, mon Joanne à la main, le magistrat me disait sa joie patriotique de voir bientôt la Vénus de Milo. Sous l'action de la crème vanillée, je crus pouvoir lui dire que nous avions aussi nos Vénus nationales, qui n'étaient pas manchotes et qu'il rencontrerait aux Folies-Bergère. Nous devînmes trois amis. Par-dessus trente canaux d'irrigation, à travers des demi-marécages, au milieu d'arbousiers et de plantes grasses, qu'ils appellent sphyro, nous descendîmes dans l'immense lit de gravier où le faible Eurotas dessine ses méandres.

Moitié s'excusant, moitié s'enorgueillissant, mes compagnons me répétaient avec le dur accent grec :

– La voilà, cette fameuse Sparte.

Puis ils vantaient les restaurants de Paris. Je leur fis voir sur l'autre rive de hauts escarpements de sable rouge.

– C'est là, messieurs, que se trouvait le tombeau de votre Ménélas.

Je cassai parmi les roseaux quelques branches de laurier-rose, mais je ne vis nager aucun cygne sur l'Eurotas. Depuis des siècles, l'événement a justifié le présage de mort que leur voix rauque avait chanté. Sur la prairie où jadis les vierges de Sparte frottées d'huile luttaient nues avec les garçons, une pauvre petite fille molestait un cochon rétif. C'est ici que les compagnes d'Hélène lui tressèrent une couronne de lis bleus quand elle fut prête à passer dans le lit de Ménélas.

Je fis quelques cents pas sur la route de Gythéion. Les malheurs, les désespoirs, toutes les fatalités endormies sur ces vastes champs de mûriers et de maïs assaillent le passant qui leur est un terrain favorable. J'accompagnais le beau Pâris quand il emporte son amante vers l'île de Cranaos, où leur premier lit est dressé par le plaisir éphémère. C'est par une telle soirée, qui succédait à la plus lourde chaleur, qu'Hélène, pour son infortune et sa gloire, consentit à son instinct. Sur ce chemin de la mer, où déjà me rejoignaient les grandes ombres du Taygète, je voyais fuir le dernier roi de Sparte, Cléomène...

Cléomène descend au galop les hauteurs de Sellasie où la phalange macédonienne vient d'enfoncer la suprême armée spartiate ; il s'appuie quelques minutes contre la colonne d'un temple, puis, sans vouloir manger ni boire, prend la route de Gythéion et de la mer, comme avaient fait Hélène et Pâris. Ces deux amants furtifs et ce vaincu ouvrent et closent les fastes de Lacédémone.

Nous revînmes dans un café de Sparte, et mon juge interrogea ses compagnons de manille pour savoir où se trouvait la tombe de Léonidas. Bien que ce fût l'heure du brouet, ils me conduisirent en troupe derrière une haie, dans une sorte de jardin, et me dirent :

– C'est là.

On ne trouve rien d'authentique sur les monticules onduleux de Sparte. Qu'est devenue la stèle, près du tombeau de Léonidas, où les enfants épelaient les noms des trois cents morts aux Thermopyles ? Et cette Vénus de cèdre, assise, la tête voilée et les pieds enchaînés, symbole des vertus domestiques ? Et la Diane dérobée en Tauride par Iphigénie, devant laquelle on fouettait les éphèbes ?... Mais peut-être les pierres de mémoire élargissent-elles en tombant le culte qu'elles commémoraient. La plaine tout entière devient un monument aux héros. Ce soir, l'horizon, l'histoire et ma chétive pensée font un accord inoubliable. Le soleil a disparu derrière le Taygète, les splendeurs sensibles s'éteignent et cèdent à la fièvre, que je m'enivre encore de la vallée de Sparte.

C'est possible qu'en tous lieux la nature révèle un dieu, mais je ne puis entendre son hymne que sur la tombe des grands hommes.

Les matinées classiques de Sparte

Mes yeux et mon cœur sont neufs ce matin. C'est que je respire l'air qui caressa la beauté d'Hélène.

Ce matin, je me promène avec mon compatriote, l'harmonieux Claude Gelée. Il m'enseigne l'amour des époques primitives et me fait reconnaître, au Nord, sur les horizons d'Arcadie, le séjour des personnages fabuleux.

Par une telle matinée, sur l'Eurotas, navigua le cygne fou d'amour qu'au Bargello florentin, Michel-Ange conduit jusqu'au cœur de Léda. Délégué des rives de Sparte, l'oiseau assaille la reine pour que, de leur transport, une vierge naisse, qui passe en éclat le ciel et la nation de Laconie.

Ces platanes qui frissonnent sont les petits-neveux du platane touffu où les amies d'Hélène suspendirent, le soir du mariage, un chapeau de fleurs odorantes. Douze vierges de haute taille, les premières de la ville, et la chevelure mêlée d'hyacinthes violettes, formaient un chœur devant la chambre nouvellement peinte où le blond Ménélas venait de s'enfermer avec sa jeune compagne. Et toutes chantaient en marquant la mesure de leurs pieds entrelacés, et la maison retentissait de l'hymne hyménéen : « Ô jeune époux, t'endors-tu si tôt ? As-tu quelque lourdeur aux genoux ? As-tu donc assez bu pour désirer ton lit ? Si tu avais sommeil, il fallait laisser la jeune fille jouer avec ses compagnes jusqu'au matin, près de sa mère. » Ces beaux chants, ces harmonies du corps et de l'âme, et qu'on me passe le mot, ces belles "santés" que portent les filles de Sparte aux jeunes époux qui vont respirer la tendresse et le désir sur le sein l'un de l'autre, ne sont pas en désaccord avec les trois sermons lyriques pour jeunes militaires que nous possédons de Tyrtée : « ... De ceux qui osent soutenir d'un courage unanime le choc de l'ennemi, peu meurent et ils sauvent leur peuple ; mais les lâches perdent toute leur force, et nul ne peut dire combien les lâches sont accablés de maux. C'est une chose misérable qu'un cadavre gisant dans la poussière et que la pointe d'une lance a percé dans le dos. Mais il est beau, celui qui marche d'un pied ferme, mordant sa lèvre de ses dents, couvrant de l'orbe de son large bouclier ses cuisses, sa poitrine et ses épaules, brandissant de sa main droite la lance solide, et agitant sa crinière terrible sur sa tête. »

On croit mourir de délices si l'on réveille dans les saules de l'Eurotas ces cantiques d'une franchise adolescente, ces poésies toutes directes. Rien n'est interposé entre nous et de telles images. Deux bras nus nous saisissent l'âme.

Le vieux poète-professeur Aleman, au soir d'une longue vie passée à apprendre le chant aux filles de Lacédémone, enviait les martins-pêcheurs que les jeunes femelles transportent quand ils ne peuvent plus voler. Si nous nous élevons jusqu'à comprendre les héros primitifs, c'est que les beautés naturelles de Sparte nous prennent sur leurs ailes.

De colline en colline, comme de strophe en strophe, chante le poème d'un noble sang disparu. La pensée dorienne se soulève des vallons où elle dormait pour nous tendre la lance et la lyre. L'étincellement de toute la plaine rajeunit mes images de collège ; Léonidas, ce matin, n'est pas de l'école de David. Il a perdu son allure emphatique, et l'on doute s'il se proposa l'idéal austère, éloquent, que nous crûmes lui voir d'après les commentateurs de Plutarque. On comprend ce qu'étaient ici les héros. Castor et Pollux, modèles de la jeunesse spartiate, me deviennent intelligibles.

Ces deux brutaux passèrent leur enfance dans les sombres bois de pins suspendus aujourd'hui encore aux escarpements du Taygète. Rien ne dénonce mieux leur moralité que l'agression qu'ils commirent, avec l'assentiment général, sur les fiancées d'Idas et de Lyncée. En vain le jeune Lyncée leur faisait-il les remontrances les plus aimables : « Leucippe nous a depuis longtemps fiancés à ses filles que voilà, et nos serments sont prononcés ; mais vous, au mépris de cette alliance jurée, vous avez, avec des bœufs et des mulets dérobés à d'autres, changé la volonté de cet homme ; vos présents nous ont volé nos fiancées. Certes, Sparte est grande. Là, mille jeunes filles intelligentes et belles sont élevées par leurs parents, et il vous serait facile d'épouser celle que vous choisiriez, car les pères recherchent de nobles fiancés, et vous êtes illustres entre les héros, illustres par votre père et non moins par votre mère. Amis ! Laissez donc nos mariages s'accomplir et nous vous aiderons à en faire d'autres vous-mêmes. Cependant, si vous voulez combattre et laver les lances dans le sang, que le robuste Pollux et Idas s'abstiennent de la lutte, et que nous combattions seuls, Castor et moi, car nous sommes les plus jeunes. Ne laissons pas à nos parents une douleur sans remède. C'est assez d'un seul cadavre par maison. Les survivants réjouiront leurs amis ; ils seront fiancés au lieu d'être morts et ils épouseront ces jeunes filles. » Ainsi parle l'aimable Lyncée. Mais Castor le tue en lui enfonçant sa large épée dans le côté jusqu'au nombril et Idas périt également.

Le nom de héros nous trompe. Sous cette appellation, l'élite française honore un esprit de sacrifice et de courtoisie, mais Castor et Pollux, que Sparte propose comme modèles à ses fils, se tiennent seuls à l'écart de leurs compagnons dans les retraites du Taygète. Ce sont deux terroristes.

Les professeurs veulent que la nature satisfasse les besoins idylliques de leurs honnêtes esprits rétrécis. Quelle dérision, leur Sparte de collège ! Mais tout de même, cette fable a suscité de magnifiques agitations. Au mois d'août 1806, Chateaubriand cria de toute sa force sur la rive de l'Eurotas : « Léonidas ! » Explosion naïve de l'enthousiasme des Celtes. À l'heure où la France s'ébranle pour la sublime campagne d'Iéna, ce Breton vient tromper son inaction en admirant de la gloire.

C'est ainsi que je m'attardais sur les traces de mes souvenirs classiques parmi les collines matinales de Sparte. On y trouve des beautés que l'on peut aimer sans souffrir. Le cœur qu'elles emplissent demeure raisonnable. Elles nous laissent notre orgueilleuse indépendance. Ces harmonies de la nature, de l'histoire et de la poésie sont épurées de tous éléments de désespoir. Auprès de ces froides compagnes étincelantes, un passant veut reprendre haleine et se guérir des trop vivantes beautés.

Parfois je poussais jusqu'aux petits bourgs blottis avec leurs vergers et leurs ronces sur les premiers étages du vigoureux Taygète. Parori, Tripy, je ne ferais entendre votre éclat, voilé sous les plus admirables jardins, que si je pouvais transporter ici vos parfums, le bruissement de vos fontaines, le contraste que vous faites avec toute l'aride Grèce, la fièvre que vous rafraîchissez et l'esprit occupé de sublime que chaque voyageur nécessairement vous apporte.

Au hasard de mes promenades, j'ai bien des fois respiré l'odeur de mystère qu'exhalent certains manoirs de nos plus vieilles campagnes de France. Sous les châtaigniers d'Auvergne, je me rappelle des fenêtres closes : derrière la grille rouillée croissaient les chardons et les folles avoines, et, dans le jardin, des touffes de scolopendres embaumaient la margelle du puits. À Neuilly même, chaque jour, je me promène entre les murs prudents et silencieux de Saint-James. Cet énigmatique quartier, sur la pente de la Seine, si mort et si secret, s'associe dans ma mémoire aux jardins de Parori. Mais les maisons de Laconie, sous les citronniers, les parfums, le soleil et la misère, derrière de hautes murailles délitées, abritent des rêves où nous ne sommes point engagés. Si j'assiste au mariage d'une dame du sérail, mon cœur risque moins de souffrir que si je mène une amie de mon enfance dans la demeure d'un jeune époux. Jardins de Parori, de Tripy, beautés éblouissantes, encloses de misères, secrets que j'ai durant quelques jours côtoyés, notre tristesse de ne pouvoir pas pénétrer et emporter votre bonheur s'atténue du pressentiment que c'est un bonheur dont nous ne saurions guère jouir.

Vers midi, je me reposais sur les margelles de la fontaine de Parori. Au bord de cet heureux bassin qu'ombragent des arbres à fruits, les femmes de Sparte se rassemblaient jadis, quand leurs maris mouraient pour Hélène devant Troie. Sur les mêmes pierres s'assirent leurs petites-filles, esclaves des Turcs, le visage ombragé d'un demi-voile de mousseline transparente. Leurs sensations pacifiées, éventées, s'ajoutent à ce beau lieu pastoral.

Le rocher des Apothètes

Je ne me lassais point d'errer, à l'Ouest de la ville, dans les campagnes comprises entre l'Eurotas et la chaîne du Taygète. Des bosquets d'oliviers, de sycomores et de platanes, des mûriers enlacés de vignes laissent pousser dans leur ombre claire de l'orge, des maïs, tous les légumes et toutes les fleurs. À chaque pas murmurent et fraîchissent de petites rigoles, par où la neige, qui blanchit les cimes du Taygète et qui ruisselle impatiente sur tous ses flancs, vient tremper cette terre brûlante. Mais ce paradis est un cimetière. Les cyprès y commémorent le plus illustre des deuils.

Sur cette scène étroite, une race extraordinaire a donné sa représentation. Ces vallons, ces torrents et ces ruines, qui sous des flots de jeune lumière offrent les marques de l'ancienne domination, émeuvent, comme des Grecques captives dans le sérail des pachas. Ils disposent une jeune âme à recueillir ces traditions doriennes, graves et vigoureuses, que le nouveau royaume doit s'approprier, s'il veut, comme c'est nécessaire, se purger de ses turqueries.

Si j'étais un riche Grec, je ne fonderais pas d'hôpital, ni de collège dans Athènes ; je doterais la malheureuse Sparte. Je dessinerais sur ces collines des pèlerinages civiques. J'y enverrais les jeunes Albanais venus en Grèce pour être Grecs, et je voudrais qu'ils fissent leur plus longue méditation au seuil de la brèche éclatante de Parori.

On y visite, dans les premiers escarpements du Taygète, le haut rocher des Apothètes, d'où Sparte précipitait tout enfant incapable de faire un guerrier vigoureux. C'est excellent de décourager les fausses vocations.

Sparte a prétendu diriger la reproduction de ses citoyens. Les jeunes reproducteurs étaient formés par des danses et des luttes ; puis on retardait et comprimait de plusieurs manières leurs rêves voluptueux. Les vierges s'exposaient sans voiles ; il fallait que le garçon enlevât par force la fille qu'il voulait épouser : au soir du mariage, la femme était vêtue de l'habit d'un homme, et chaque fois, ensuite, elle devait être saisie à la dérobée, par une violence furtive, tant le législateur redoutait la mollesse et la satiété. Sitôt enceinte, on entourait la jeune épouse des images d'Hyacinthe, de Narcisse, de Castor et de Pollux pour qu'elle formât son fils sur leur perfection. S'il naissait difforme, on le supprimait.

Il y a là des articles obscurs, mais, dans leur ensemble, ces grandes vues rationnelles m'enchantent. Voici l'un des points du globe où l'on essaya de construire une humanité supérieure. Il est trop certain que la vie n'a pas de but et que l'homme pourtant a besoin de poursuivre un rêve. Lycurgue proposa aux gens de cette vallée la formation d'une race chef. Un Spartiate ne poursuit pas la suprématie de son individu éphémère, mais la création et le maintien d'un sang noble.

Je sais tout ce qu'on a dit sur la dureté orgueilleuse de Sparte. Ces critiques sentent l'esprit subalterne. Mon compatriote, le maréchal de Bassompierre, recevant des mousquetaires, un jour qu'il était en train de lire les coutumes de Lacédémone, leur dit : « En vérité, messieurs, je jurerais que tous les Lacédémoniens étaient autant de chartreux et de mousquetaires. » Quant à moi, j'admire dans Sparte un prodigieux haras. Ces gens-là eurent pour âme de vouloir que leur élevage primât.

Les motifs de mon enthousiasme

Quand du *khani* de Vourlia, par-dessus la vallée de l'Eurotas, j'embrassai d'un premier regard les déchirements et les élancements des masses du Taygète, il me fut impossible de rien analyser. Sans pouvoir dire mes raisons, je subis, dès l'abord, un dégoût des plus sensuelles turqueries ! Qu'on ne me parle plus, disais-je, des meilleures pâtes parfumées, ni des voiles brodés de l'Asie, ni des cantilènes qu'échangent la rose et le rossignol !... Chez tout passant, le Taygète suscite ce mouvement qu'eut le jeune Achille quand il vivait au milieu des filles de Scyros, et que soudain il aperçut la lance et le bouclier... Mais après que j'ai parcouru le domaine d'Hélène et de Lycurgue, je veux fournir une base réelle à mon enthousiasme.

La vallée de Lacédémone, où l'Eurotas coule, chétif, dans un vaste lit de cailloux, est fermée au levant par le Ménélaion et au couchant par le Taygète ; elle a quelques kilomètres de large ; elle s'infléchit en courbes passionnées, et des vallons luxuriants séparent des monticules arides. Cette sinuosité, ces appels et ces fuites pleines de rêve s'accordent aux terrasses pathétiques du rougeâtre Ménélaion, mais tout ce romanesque cède à la vaste souveraineté du Taygète.

Le Taygète repose sur des assises puissantes qui présentent de sombres plis ; à sa base, il est tourmenté de gorges profondes, pleines d'un bleu noir et de forêts, et tout armé d'arêtes et de vastes contreforts. Ces puissantes avances envahissent, chargent la plaine, et l'on y voit mourir en héros d'antiques villages guerriers. Sur cette première construction, de formidables escarpements s'élèvent. Là-dessus, comme un troisième étage, se développe la région sauvage des glaciers et des avalanches. Et plus haut encore, la série des pics se dispose, d'un effet admirable par leur variété.

Au milieu de cette ascension colossale de croupes, de sombres bois, de gouffres, de faîtes irisés et de glaces, le Taygète fait éclater de soudaines déchirures, de splendides accents imprévus.

Que de force et de grandeur dans les mouvements du Taygète, quand il s'appuie largement sur la plaine conseillère de voluptés et qu'il se jette par cinq pointes neigeuses dans le ciel ! Nulle hardiesse d'écrivain ne peindra cette épaisseur éclatante et forte, ces couleurs solides, entières, jamais équivoques, ces grandes diversités rudes, qui s'étagent avec aisance depuis la zone des orangers jusqu'aux glaces étincelantes. Par quel jet de lyrisme rendre l'esprit qu'exhale cette masse brute ? C'est peut-être une puissance analogue qu'a subie ma jeunesse toute neuve, le jour que, rejoignant au sénat mon maître Leconte de Lisle, je le vis causer avec un petit homme dont je devinai, par un coup dans mon cœur, que c'était Victor Hugo.

Le Taygète où brille, à travers l'épaisseur des rocs, une immense âme spartiate nous enlève à la volupté triste et lascive de l'Eurotas...

Ô fuite qui nous ébranle sans nous entraîner, de l'Eurotas roulant dans sa molle vallée vers Gythéion avec Hélène ! Ses méandres qui s'écoulent vers le golfe de Cythère, à l'heure où le soleil, glissé derrière la montagne, fait encore frémir le printemps, sont l'éternel tableau déchirant du départ de la volupté. À quarante ans, c'est Sparte où je veux me fixer. Sparte n'est point comme Venise une note de tendresse qui sonne au milieu du plaisir ; elle ne jette pas comme Tolède un ordre, un cri dans la bataille ; elle laisse Jérusalem gémir. Le Taygète entonne un péan.

Un cœur noyé de poésie, s'il connaît une fois cette virilité du mont sous lequel tressaille la plaine pécheresse, veut mourir pour un idéal. Sa volonté d'être un héros jaillit, claire et joyeuse. Rien désormais ne le contentera qu'un fier repos au sein de la cité, une mémoire bien assise et resplendissante.

Nulle hésitation, aucun tâtonnement. Sparte est toujours la dompteuse d'hommes. Trois couleurs fermes et bien mises lui suffisent pour diriger l'âme. Sparte n'a point surgi du caprice d'un esprit systématique. Elle fut la création nécessaire du sol. C'est le paysage où le Taygète, avec un méprisant orgueil, se dresse par-dessus une plaine enivrante, qui dicta les fameuses institutions de Lycurgue.

Collines éternellement tragiques du rougeâtre Ménélaion, Eurotas, qui fuis dans un désert de cailloux et de lauriers, cimes étincelantes du Taygète aux cinq doigts, quand le peuple, que vous avez formé pour qu'il fût votre âme agissante, depuis longtemps a disparu, vous continuez à disperser sur des pierrailles vos conseils. Les puissances naturelles qui portaient la patrie d'Hélène et de Lycurgue demeurent. Ces sublimes indifférentes ignorent l'histoire qu'elles encadrent, et que la cité vive ou soit morte, elles continuent de parler.

Un air de divine jeunesse enveloppe toujours les masses du Taygète. Sur ses neiges, je vois errer les centaures primitifs. Castor et Pollux joutent dans les forêts de la mi-côte. Le mystérieux cortège des bacchantes court avec des cris terribles. Que signifient de telles fureurs ? Pourquoi ces jeunes filles de Sparte, les joues pourpres, des thyrses et des flambeaux dans les mains et leurs robes retroussées jusqu'aux genoux ? Glorifions avec les poètes celles en qui Dionysos est entré jusqu'au fond du cœur. Dionysos inspire les résolutions les plus généreuses ; il fait un peuple d'*évelpides,* des hommes confiants dans la fortune... Cassandre est toujours violée sur les autels. Le cygne assaille Léda. Les jeunes filles du Platanistas chantent à la jeune épouse enfermée avec son époux un éternel épithalame. C'est ce soir que, dans Gythéion, Pâris va posséder Hélène.

Hélène au musée de Sparte

Dans le pauvre musée de Sparte, sur un grand nombre de bas-reliefs, on voit les Dioscures. Le plus souvent ils tiennent leurs chevaux par la bride. Parfois, ils sont debout, nus, avec des bonnets de magiciens. Ils s'appuient sur leurs lances. Entre les deux se tient leur sœur Hélène, coiffée d'un polo évasé, raide, dans l'attitude d'une idole archaïque. À ses mains, sont-ce des joyaux ? Est-ce une chaîne brisée ? Triste entre ces deux hommes, inintelligible et peut-être bornée, elle m'envoie de ce fond des âges mille émotions de tristesse, de crainte et de désir.

La voici donc, petite barque, avant qu'elle entrât sur la mer profonde...

Cette Hélène enfermée dans sa gaine d'Asie, c'est la fleur du magnolia, close encore et qui doit, à l'aube prochaine, en s'épanouissant, transfigurer son tulipier. Mais cette rude Hélène du musée contient mieux que les couleurs et les parfums d'un merveilleux arbre de roses. Depuis les remparts de Troie, elle a vu les combats dont elle était le prix. Quel silence ! Quel regard lointain ! Les arêtes du Taygète et ses entablements guerriers jettent leur ombre sur cette Hélène primitive.

Bien qu'elle touche partout les cœurs, ne croyez pas que la Tyndaride soit de tous les paysages. Elle naquit de cette vallée, de l'Eurotas et du Taygète. En vain, à travers les âges, mène-t-elle sa grande aventure, sa légende garde la forme de ces modèles inoubliables, et sa volupté n'a tout son empire que dans un voisinage héroïque.

Après qu'Hélène eut couru le monde, Goethe l'a saisie dans ses bras, et sur l'horizon de Sparte le vieux prophète a voulu la rapatrier. Il n'a pas dit expressément qu'il situait son sublime épisode dans le château des Villehardouin, mais nul ne s'y trompera : ce *burg* doré, à l'occident de la plaine, sur les contreforts du Taygète, c'est le poème de Goethe, dominant comme une couronne les ruines de Mistra.

L'ascension de Mistra

Après bien des saisons, je ramène ma pensée sur les heures éclatantes de ma visite à Mistra. De telles heures sont des fontaines qui me versent, à flots jaillissants, du plaisir et de la beauté. L'univers ne me sera jamais une solitude, l'amour et la bonté dussent-ils me faire défaut, parce que je garde mémoire de ces images resplendissantes. Je les évoque sans me lasser, comme un pâtre sur le Taygète siffle trois notes toujours les mêmes. Ces belles minutes de mon voyage accourent en dansant. Avec un visage immobile et des mouvements passionnés, elles parent mon passé et me masquent le cercueil.

Mistra ressemble à telle jeune femme de qui un mot, un simple geste nous convainc que ses secrets, ses palpitations et son parfum satisferaient, pour notre vie entière, nos plus profonds désirs de bonheur. Le frère et la sœur se retrouvent. C'est un pressentiment que j'éprouve devant les créations de Giorgione, de Delacroix ou de Chasseriau. Et, puissé-je ne point paraître trop bizarre, je le retrouve au pied du haut monticule qui porte des ruines, couronnées par le château de Villehardouin.

Je m'explique cet enchantement d'amour. J'ai vécu ma petite enfance sous l'influence des vieux *burgs* alsaciens ou mosellans. Leur vieillesse, leur silence et leur gravité m'ont formé, mais il leur manque une âme de beauté. Cette rudesse gothique m'attrista, me resserra jusqu'à m'enfoncer dans une sorte de résignation triste, et je me suis confondu avec plus de piété que d'élan dans mon aigre pays. Or, voici qu'aujourd'hui la patrie d'Hélène dispose avec aisance une étincelante parure sur les tours féodales. J'aperçois la splendeur d'Hélène sur un visage de ma famille ! Ah ! Sois bénie, dis-je à ce *burg* doré, créature lumineuse qui, dans la série des êtres, me continue et me perfectionne, et par qui j'assiste, obscur, à ma transfiguration !...

Je voudrais mettre sur Mistra, que j'ai vue baigner dans le mystère en plein midi, ce mélange de respect et de familiarité avec lequel les grands peintres traitent le corps nu de la femme et qu'ils interposent entre notre désir et la beauté.

C'est par un matin d'allégresse que je traversai la petite rivière de Parori et commençai de gravir les pentes chargées de ruines. Le soleil chauffait les herbes violentes qui tapissent les décombres et tirait d'elles des parfums. Très vite les orangers devinrent rares, et, à mesure que s'effaçait le bruit du torrent, les zones de l'agréable verdure cédaient à celles de l'aridité. Nous marchions sur des dalles rompues, à travers des ruelles tortueuses, sous les poternes et les mâchicoulis. Des palais écussonnés et privés de toits, nul visage ne se penchait sur notre caravane.

J'entrai dans une petite église à coupole verte, exquise de paix ; il n'y avait pas un pouce de sa muraille qui ne fût couvert de fresques, pareilles à des soies fanées : je me rappelle un Christ, sur une ânesse blanche, qui pénètre dans une ville du Moyen-Âge, et déjà la cène est prête sous un dôme byzantin. Un peu plus loin, je visitai deux chapelles qui se commandent, comme un boudoir précède un boudoir plus secret ; je dus me courber, tant elles étaient basses, et mes deux mains touchaient à la fois les deux murs. Ailleurs, mon guide me montra le tombeau d'une impératrice de Byzance ; il l'appelait la belle Théodora Tocco. Auprès de tombes fraîchement ouvertes, des corbeilles posées à terre étaient pleines de crânes et de tibias. Ces corbeilles négligentes me parurent celles où des voluptueux jettent un regard entre deux plaisirs pour s'exciter à savourer la vie.

Mistra s'effrite sans tristesse. Ses couvents, ses mosquées, ses églises latines et byzantines gardent un air familier délicieusement jeune. Au milieu de cette dévastation lumineuse, j'ai vu les plus noirs cyprès ; dans la cour de l'église métropolitaine, l'un d'eux valait une colonne de Phidias, tandis qu'à ses pieds un lilas embaumait.

Quelle curieuse inhumanité j'éprouve sur cette montagne de feu ! Elle me spiritualise. Je n'entends nulle respiration à travers les siècles dans ces palais, sinon celle de Chateaubriand qui s'abrita sous l'un de ces toits. Que m'importent des êtres indéterminés ! Mais au-dessus du portique de l'église qu'on appelle Pantanassa, s'ouvre une petite loggia où se penche un figuier. J'y laisse reposer mon cœur qu'essouffle, plus encore que cette ascension sous le soleil, mon désir ardent de tout embrasser ; et de là, découvrant la plaine, je me réjouis de vivre et que l'univers soit si beau.

Nous connaissons d'autres villes mortes du Moyen-Âge. Par exemple, les Baux en Provence et San Gemignano près de Sienne. Leur pittoresque amuse notre goût ; mais Mistra gonfle mon âme de poésie. Un oranger qui verse ses pommes sur des mâchicoulis met devant mes yeux, soudain, le sérail des petites-filles d'Hélène, où de rudes Champenois, mes frères, perdirent leurs forces et reçurent un peu de l'antique culture. Voici l'un des harems où nos chevaliers s'engourdirent. Mieux encore, voici le château suscité par la magie auprès du palais de Ménélas, pour abriter les amours d'Hélène et de Faust.

En gravissant les pentes du Castro, je reconnais les décors du second *Faust,* de la même manière que, le soir où j'ai visité Combourg, je voyais, je touchais, bâti en solides pierres, le premier chapitre des *Mémoires d'Outre-Tombe.*

C'est ici, nulle part ailleurs, que Faust put posséder Hélène. C'est à travers ces ruelles tortueuses que la Tyndaride, fuyant le palais peu sûr de l'antique Sparte, a trouvé son refuge chez le guerrier gothique.

L'enfant né de leurs amours, Euphorion, sur les décombres, devant moi, bondit et danse : « Toujours plus haut ! Je dois monter ! Toujours plus loin ! Il faut que je voie... À présent, laissez-moi bondir ! M'élancer dans les airs est mon désir ! Je ne veux pas fouler la terre plus longtemps. » D'église en chapelle, en mosquée, en palais, en couvent, à travers les citernes béantes et sous les pierres qui s'effondrent, vers le sommet, vers le Castro, je suis attiré invinciblement. À mesure que je m'élève, les ruines sont plus désertes, mais aussi plus écussonnées. Ce qui ne change point, c'est la misère : en bas, misère atroce et parfumée, en haut misère brodée. Parmi ces décombres d'histoire et d'art, je vois courir quelques cochons, le groin à terre, et des poules que le soleil fait belles comme des faisans. Je m'arrête sur une place plus vaste où de hautes murailles aux tours crénelées sont les vestiges du palais des despotes byzantins. Puis, d'espace en espace, par la brèche ou bien sous un arceau qui branle, je franchis les murailles flanquées de tours, qui composaient les diverses lignes de la fortification.

Cette montagne est construite comme une intelligence. Des débris de toutes les époques et des races les plus diverses y prennent une couleur d'ensemble ; ils sont tapissés, reliés par un lierre vigoureux où bourdonnent les abeilles.

J'atteignis enfin le sommet de la citadelle. Au milieu des décombres et des citernes, on y cultive de l'orge. Quels espaces, quelle lumière ! À ma gauche s'élève un pic désert qui ne porte que des touffes de pins ; derrière nous, se développent les escarpements du Taygète, semés d'éclatants villages et couronnés de glaciers. De ce côté, un vent froid me venait, car Mistra protège, masque une gorge profonde et noire où bondit une immense cascade. Mais si fortes que soient ces vues resserrées de l'Est, nécessairement je m'en détourne pour me réjouir et m'épanouir avec l'immense plaine lumineuse.

À pic, sous mes pieds, les ruines argentées flamboient sur la côte, qui a des couleurs de plomb. Depuis mes créneaux champenois, par-dessus des églises byzantines, je vois le voluptueux jardin qui recouvre les ruines de Sparte. L'Eurotas s'écoule vers la mer, au milieu des collines qui dessinent sa vallée, sous une poussière de soleil enflammant des tons rouges, ocres et verts. Du Taygète au Ménélaion, de l'île de Cythère aux montagnes de l'Arcadie, je contemple, je respire la vallée de Lacédémone.

De là-haut, toute pensée prend une ampleur, une aisance, une jeunesse, comme si l'on buvait du bonheur et de l'immortalité. Je ne connais que les pentes du Vésuve qui m'aient donné cette ivresse. Encore le Vésuve, quand il brûlait avec sa cendre mes yeux, mes lèvres et la semelle de mes chaussures, a-t-il moins excité mon âme que ne fait ce beau volcan d'histoire et de poésie. Ici, l'Islam, les Croisades, Byzance et puis ma Sparte de collège, puissante et morne, se mêlent, se vaporisent sous l'action du sol, de la mer et du ciel. La plaine est sous mon ivresse comme la lyre d'un poète.

Voici donc la patrie d'Hélène ! Bien que l'histoire ait rudement foulé ce beau lit de la Tyndaride, l'âcre parfum d'amour y demeure. C'est un mariage de tous mes sens avec le sommeil d'Hélène. Elle appuie sa tête aux montagnes des bergers ; le flot marin qui meurt contre ses pieds coupables accourt du royaume de Vénus.

Ignorant, je ne puis comprendre, aux froids couloirs de nos musées, les leçons de l'arbre hellénique. Mais qu'il m'apparaisse, cet arbre, comme un buisson de flammes, au centre des jardins de Sparte, je désire et je trouve un juste accord avec l'antique.

Hélène, une fois encore, tourne vers nous son visage, et dans notre sein attise une ardeur que nulle enfant des hommes ne satisfera. Deux beaux rayons glacés nous suivent de ses yeux, double conseil qui nous convainc d'être le nom d'une belle mort ou de faire sonner la lyre.

Les *burgs* dorés

Quelle partie de l'univers n'avons-nous pas successivement possédée et perdue, sans qu'il reste même dans notre mémoire le souvenir du nom des pays que nous avons régis, des hommes éminents qui nous les ont acquis et de ceux qui ont consacré leur talent à nous les conserver ?

Buchon

Double plaisir, ce matin : je quitte le village banal de Mégalopolis et le malpropre logis qu'un indigène nous y prêta, et je vais, en trois petites heures, gagner Caritena, fameuse par un château féodal qui date de la IVe croisade.

Autour de Mégalopolis, le territoire dessine une vaste cuve bien cultivée. Nous y décrivons (dans une exécrable carriole) le plus large circuit, parmi des pierres, du soleil, des moutons, des chèvres et fort peu d'arbres, pour atteindre une seconde cuve pareille où se dresse, sur la paroi la plus lointaine, le rocher solitaire de Caritena.

Chez les Grecs modernes, tout est dépouillé d'une façon que je ne pourrais rendre sensible qu'en faisant ronger ce chapitre par leurs troupeaux de chèvres. Caritena, sèche sous le soleil, n'a pas, comme nos ruines alsaciennes, un bel ombrage où s'asseoir. Chez nous, après la montée, il y a tout de suite la fraîcheur, l'appétit largement ouvert pour les truites et le vin blanc. Mais ici, les maisons d'un étage, en pierre grossière, avec un balcon de planches pourries sur lequel ouvrent leurs portes, sont pareilles à des bouches avides tournées vers le pèlerin qui grimpe péniblement. Elles crient famine et ne peuvent offrir qu'un chétif lit de camp, autour duquel rôdent la fièvre et la vermine. Peut-être, de cette dure misère naît-il une sorte de perfection. Tout ce qui doit pourrir est tombé ; ce qui subsiste prend un caractère éternel. Le château de Caritena, trophée de notre race, attend, comme une rose de Jéricho, qu'une imagination passante l'aide à refleurir.

Tout le jour je rôde sur les deux collines, dans l'église, sur toutes les pierrailles et, par l'étroit sentier du pic desséché, je reviens au donjon que construisit, le lendemain de la conquête, le Champenois messire Hugues de Bruyères.

J'y pourrais évoquer son dernier hôte, le patriote Colocotroni, dont ce château ruineux et garni de canons fut le refuge dans la guerre de l'indépendance et qui, d'un air ardent et féroce, se reposait sous les arceaux gothiques en comptant les grains de son rosaire oriental. Mais je n'ai d'âme, ce soir, que pour nos chevaliers francs et surtout pour ce fameux sire de Caritena, de qui le courage, la courtoisie envers les dames et l'absurde frivolité éclatent dans le *Livre de la Conqueste* publié par Buchon.

***

C'est Buchon qui m'a conduit à Caritena. Il fut certainement mon meilleur compagnon de Grèce. Ce Buchon ! qu'il a bien travaillé. Après avoir publié les textes qui racontent comment nos croisés de France vinrent fonder leurs baronnies dans les vallons où avaient régné les rois d'Homère, il est allé, sur les lieux mêmes, interroger les traditions et les pierres des châteaux francs oubliés dans les montagnes. Ses mouvements d'amour devant les paysages historiques lui assurent notre piété. Combien j'aime cette nuit de printemps qu'il passa sur la tour carrée du château de la belle, au fond d'une gorge de Tzaconie, tandis qu'un pâtre lui chantait la vieille ballade d'une châtelaine aux belles robes franques et au cœur tendre ! Il mourut des fatigues de son voyage. Ce n'est pas très hygiénique pour un quinquagénaire de fouiller les archives de l'Italie méridionale, de la Sicile et de l'île de Malte, puis de courir les cantons les plus inconnus de la Grèce continentale et des Îles.

Nous possédons le récit de son voyage de Morée, mais il avait « avec la même affection religieuse », c'est son mot, exploré tout l'archipel. Hélas ! Le précieux manuscrit inédit de cette croisière a été perdu par le notaire de la succession. S'est-on jamais occupé sérieusement de le rechercher dans les archives de l'étude Boudier, aujourd'hui tenue par Me Lavoignat ?

Édouard Drumont, fils de la sœur de Buchon et, en quelque manière, son héritier spirituel, s'indigne justement que cet historien voyageur, qu'anime un haut sentiment de la France, soit recouvert de la plus noire obscurité. Quoi qu'en pensent les Chartistes, qu'à leur tour l'avenir revisera, Buchon doit être sauvé comme le furent les deux Thierry ou bien un François Lenormant. Nos lettrés protègent mal certains cas de leur ressort. Ah ! Quel succès nous ferions au *Voyage en Morée,* s'il nous arrivait d'Allemagne !

Si j'étais un jeune étudiant, je présenterais à la Sorbonne une thèse sur la vie et l'œuvre de Buchon ; si j'étais un maître, je reprendrais sa tâche. M'aidant des travaux de Hopf, de Mas Latrie, de Schlumberger et de Morel-Fatio, j'essaierais de faire voir nos terriens de Champagne et de Bourgogne et ceux de Provence aussi, tels qu'ils débarquèrent, sans sulfate de quinine, dans le golfe de Patras... Ce rivage du débarquement, le matin que je le parcourus, était éblouissant de bleu, d'or et de neige. La région n'est pas belle au sens d'un touriste ; mais on y cultive la vigne et l'on y peut chevaucher ; elle dut plaire à nos compatriotes. Leur forteresse de Chlemoutzi, sur un cône au milieu d'une chaîne assez longue en bordure de la mer, maintient sur le paysage un vigoureux témoignage de leur extraordinaire aventure... Ils venaient de bâtir Notre-Dame et se trouvaient en présence du Parthénon. Ils ressuscitaient ces Agamemnon, ces Ajax, ces Achille qui se croisèrent contre Troie. Et beaucoup d'entre eux étaient des troubadours assez pareils à ceux qui firent les poèmes d'Homère. Ils apportaient une religion française, une langue française, des lois et des habitudes françaises et venaient disputer la Grèce aux Byzantins. Deux brillantes fantaisies se heurtent sur un sol, d'où perpétuellement émane une divine influence.

Il serait beau d'écrire cette chevauchée pour qu'elle soit un livre national, un exemple significatif de toute notre histoire, car l'énergie qui fit déborder, au XIIIe siècle, la

France sur l'Orient réapparaît, exactement pareille, au début du XIXe. La force qui assembla ces pierres grecques écussonnées aux armes de France, c'est un chant spontané qui s'élève toujours des âmes guerrières de chez nous. L'esprit des guerres de la révolution et celui des croisades sont faits d'une même foi sincère, d'un même amour de la gloire, d'un même goût des aventures. C'est toujours nous qui, d'un pareil élan, libérons les opprimés et proclamons les droits de l'homme. Et, jadis comme hier, nos plus hardis chevaliers ne se présentent pas en maîtres farouches ; leurs harangues, jointes aux agréments de leurs personnes, contribuent à leur réussite ; ils fondent des royaumes avec leurs épées, ou épousent des filles de rois, et toujours ces héroïques tumultes français, ces expansions de notre race, après quelques combinaisons politiques éphémères, finissent stérilement. Tout est perdu hors l'honneur.

Pourquoi ces fièvres, ces générosités et ces faillites ? Tant que de tels problèmes d'énergie n'auront pas été résolus, la psychologie de notre nation et le sens de son développement resteront inintelligibles.

S'il est difficile de comprendre les raisons de cette explosion du XIIIe siècle, il nous est aisé de sentir ses couleurs. Les traces de nos croisés que j'ai vues, en Grèce, sont semblables à celles que, d'autres jours, j'ai relevées sur la rive droite du Rhin et partout en Italie. Et puis, quoi ! Nous en étions tous, de cette IVe croisade : vous qui me lisez, moi qui vous parle, et nos amis communs. Geoffroi de Villehardouin, Guillaume de Champlitte, Hugues de Saint-Quentin, Robert de Blois, Jean, comte de Brienne, le seigneur de Caritène et tous les autres, je les ai connus, quand je faisais de la politique française aventureuse avec les beaux chevaliers qui s'appellent Boulanger, Morès, Déroulède ; et je connus particulièrement le jeune Rambaud, fils d'un chevalier de Provence du château de Vaquéras, qui se distingua par ses chansons et ses sirventes. Il s'éprit avec succès de la belle Béatrice, sœur du marquis de Montferrat. Il suivit à la croisade le marquis et en reçut de riches fiefs, outre-mer. C'est un ancêtre aimable de nos journalistes auxquels on donne une préfecture ou bien une recette générale, si leur parti a triomphé.

Délicieuse floraison, jeune et pareille à chaque printemps, du plus beau des arbres, la France ! Un Laclos, je le jure, expira dans quelque Chlemoutzi, comme celui qui, plus tard, mourut dans la fiévreuse Tarente ; Paul-Louis Courier, cinq siècles avant de nous dire ses aventures de Calabre, avait goûté les risques de la guerre en Laconie ; Roederer, le sage messin, administra la neuve conquête d'outre-mer avec cette prudence qu'il fit voir à Naples, auprès du roi Joachim Murat ; le jeune Beyle s'est enivré de sa jeunesse, de la gloire et des femmes, à travers l'Achaïe, aussi bien qu'il fera, près de nous, dans sa chère Milan émue de Marengo.

Aujourd'hui, nous devons rêver où nos pères ont vécu. Un profond silence succède au tumulte des départs. La rumeur, confiante, fanfaronne, expire ; le glorieux soleil fait place à la nuit romanesque sur les ravins de l'Arcadie. Des vies sans nombre et des forces choisies ont été pressées comme des roses pour que ce *burg* nous fût un flacon de parfums.

Pouvait-il se dépenser tant d'énergie française, sans que l'amour courût en profiter ?

On voudrait qu'un Stendhal du XIIIe siècle nous eût donné les *Promenades dans l'Achaïe,* ou bien *Athènes, Corinthe et Mistra,* ou bien encore des *Chroniques péloponnésiennes.* Ce qu'eussent été de tels mémoires, on l'entrevoit à respirer les ruines féodales en Grèce ; et sous la sécheresse des vers du *Livre de la Conqueste,* on s'imagine distinguer une délicatesse française, mûrie, forcée de quelques siècles par le soleil ou les effluves de cette terre civilisatrice.

Comme elle est galante, la lettre que l'aimable Rambaud de Vaquéras écrit à son amie, demeurée à Montferrat : « Tous les jours, je vois belles armes, bons chevaliers, batailles, sièges de villes, machines battant tours et murailles. Rien n'y parle d'amour, mais je vais vêtu d'un riche harnais, quérant guerres et batailles, pour m'enrichir de conquêtes. Nous avons fait des empereurs, des rois, et des ducs ; nous avons forcé des châteaux en Asie, pris des Turcs et des Arabes, ouvert tous les chemins de Brindes au bras Saint-Georges, je vois le marquis content et heureux, ainsi que le champenois et le comte de Saint-Paul ; jamais nulle gent n'obtint tant d'honneurs sur terre. Mais à quoi me sert d'avoir si grande puissance, si mon chagrin s'est accru, puisque je suis éloigné de ma dame et sais que plus ne me viendra joie ? »

Un si gentil garçon ne dut pas longtemps attendre sa consolation.

Toutes les femmes se tiennent sur le rivage ; elles ignorent qu'elles soupirent après les navigateurs inconnus. Et ceux-ci ne savent pas qu'ils aiment déjà l'amante surprenante qu'après un long voyage ils trouveront au débarqué. Mais nos Français reconnurent tout de suite le prix du présent que les dieux helléniques leur daignaient ménager et que, le dimanche matin, sur le parvis de nos églises, les filles de chez nous leur avaient prophétisé.

Une race naquit de leurs plaisirs. Dans cette race nouvelle, que l'on nomme *gasmule*, les femmes rehaussaient de gentillesse franque la beauté du type hellénique. Jadis, sur ces rives de l'Alphée, Pan menait le troupeau des nymphes avec Silène, tandis que les pâtres soufflaient dans les flûtes. À la place du dieu Pan, les chevaliers français installèrent en Arcadie leur déesse qui était l'honneur. Ce sont deux puissants dieux, l'un plus champêtre, l'autre plus social. On les aime l'un et l'autre jusque dans leurs absurdités, hypostases qu'il est interdit d'expliquer. Par une conjonction merveilleuse, les *Gasmules,* filles de ce climat et du courage guerrier, mêlaient dans leur cœur le culte pastoral avec le culte de l'honneur à la française. Elles marièrent nos seigneurs avec les îles, les golfes et les vallons de Grèce. Dans leurs châteaux innombrables de Mistra, de Crèvecœur, de Matagriffon, ces chevaliers aux éperons d'or multiplièrent les grands festins, les tournois et les galanteries françaises.

Entre tous ces princes de la seconde génération, nés sur le sol de la conquête et si curieusement adaptés, identifiés à leurs nouveaux fiefs, ce royaume romanesque de Morée mit sa plus grande complaisance dans le sire de Caritena.

Selon l'usage, celui-ci avait abandonné son titre champenois, et le seigneur de Bruyères avait disparu sous le baron des défilés de Scorta. Les femmes eurent sur lui une extrême influence. Pour l'amour de celle qu'il épousa, il fit la guerre contre son suzerain. Pour l'amour d'une autre qu'il enleva, il s'enfuit sous un déguisement, quand c'était l'heure de se battre. Deux fois il vint, la corde au cou, demander grâce. Ses compagnons qu'il avait trahis l'embrassèrent avec amour et tout le monde pleurait. C'était un si gentil compagnon et si brave batailleur ! Il le fit bien voir, quand il voulut, contre l'avis unanime des chefs, un combat follement inégal, où tout son monde fut haché.

Dans ces longues aventures, un homme raisonnable ne voit rien qu'il approuve, mais il reconnaît l'allure qui plaît à des Français. Après sept siècles qu'il est mort, ce chevalier séduit encore : il séduit la fille de Gobineau, Madame de Guldencrone, quand elle écrit son beau livre *L'Achaïe féodale.* sur les roches de Caritena, je n'ai pas entendu les oiseaux qui, d'après les vieilles chroniques, gémirent sur la mort du sire, mais dans mon cœur profond, j'entendais bruire mes sympathies.

Elles m'interdisent d'admettre que la débauche exténua nos chevaliers dans les harems de leurs châteaux gothiques. Une débauche qui n'atteint point l'âme laisse intacts et même repose de joyeux garçons français. Mais ces *Gasmules,* semblables aux perles ou bien aux pêches mûres, peuvent mieux encore être comparées aux musiques qui font flotter dans l'air une buée de désespoir. Chacun de leurs mouvements renouvelait tous les désirs et déchirait les bandages des plus vieilles blessures. En vain lisait-on une tendre pitié dans leurs regards : il ne dépend d'aucune déesse que nous cessions d'être des hommes vulnérables. Quand ces filles poétiques avaient caressé nos princes francs, n'arriva-t-il point qu'ils connurent la détresse de la solitude sur le donjon de Caritène et qu'ils furent pénétrés, blessés par l'azur de cette Arcadie ?

Plusieurs d'entre eux, et leur chef messire Geoffroi de Villehardouin, étaient poètes. On possède quelques-unes de leurs chansons. Dans les salles de Caritène, quand l'église sonne l'*angelus,* j'entends l'un d'eux, ce soir, qui chante :

« J'ai suivi d'un pas régulier, ni hâtif ni lent, les sentiers de la vie, et j'ignore si j'ai cueilli plus ou moins de fruits que n'en cueillent la plupart des hommes, mais j'ai trouvé la fleur enfin que j'avais toujours pressentie, de sorte que, jusqu'à ma mort, tout ce que j'éprouverai sera mêlé de son parfum.

« Une étrangère ne porte pas au col la croix en or des filles champenoises, et dans son âme, des espaces sont fermés à nos regards. Mais que j'entende qu'elle respire, et je m'éveille au goût de la grandeur morale : générosité, confiance, esprit de sacrifice. Est-ce l'appel d'une victime, le mal d'une prophétesse ou le tourment du bonheur ? Une inflexion de sa voix, de son corps m'ouvre des paysages où je rêve de passer mon éternité... »

Sur les terrasses éboulées, par un ciel nocturne de Grèce, si je pouvais évoquer les morts, je n'appellerais pas indistinctement les belles anonymes qui vécurent ici pressées comme des rossignols en cages. Je rêve de cette *Gasmule* qui, dans l'ombre de Caritène, mystérieuse et délicate corolle, prit en échange d'un parfum toute la force d'un barbare.

Dans les ruines gallo-grecques où le murmure de l'Alphée s'unit au bruissement des térébinthes, une voix, la plus douce, s'éveille ; une plus douce présence suit. Elle brouille en moi les idées de temps, mais s'accorde avec mes désirs. Je serais gêné d'être l'hôte des petites maisons de l'Athènes classique, mais les mœurs qu'il y eut dans Caritena sont assorties à ma nature, et si l'on m'invite ce soir, me voilà digne de la fête.

Une jeune *Gasmule* s'avance d'une allure bondissante. Chaque pensée qui se soulève dans son âme l'arrache du sol, et vraiment elle s'envolerait, si un goût joyeux de la vie ne la ramenait vers des biens terrestres qu'elle ne peut pas délaisser. Elle reçoit de ces lieux mille influences de jeunesse et de plaisir que ses ancêtres indigènes avaient divinisées. Quand elle pénètre dans la vie des princes francs, ses demi-frères, c'est un jeune oiseau cruel dont la présence fait taire les humbles bosquets chanteurs. Elle est tantôt une enfant, alanguie, les pieds joints, tantôt une prophétesse aux cheveux épars. Son regard, l'éclat de ses joues, l'harmonie de son corps, son épaule nue, les approches de son secret exigent-ils que l'on meure ? Les francs aventureux ont fondu à cette flamme...

Aujourd'hui, les *Gasmules* ont déserté l'ogive croulante où notre évocation les ramène. Elles sont mortes, les voix qui firent dans les *burgs* dorés la musique de l'amour : voix ardentes, chantantes, ineffables, qui se vantaient et se plaignaient et qui firent souffrir, regards chastes dans le délire et mouvements si purs dans l'extrême impatience du plaisir... je ne regrette pas le troupeau délicat des *Gasmules,* dont je cherche sous Caritène le cimetière. Chaque génération porte avec elle tout ce qu'il lui faut pour souffrir : nous avons nos vivantes.

Journées de mulet dans le Péloponnèse

J'ai fait deux longs jours de mulet depuis les ruines de Phigalie, qu'on nomme encore Bassae, jusqu'aux fouilles d'Olympie. Quelle misère ! Quelle splendeur ! Quelle divine vie primitive ! Nous suivions les mêmes sentiers et le même régime frugal dont s'accommodèrent, d'âge en âge, les gens de ce fameux pays. Les images de cette course se sont dissipées aussi vite que les cris gutturaux de l'agoyate qui, derrière ma bête, criait : « hourri... oxo... » Mais il me reste de ce petit effort animal la sensation d'un bain, d'une plongée dans la plus vieille civilisation.

Pour la visite du temple d'Apollon secourable à Bassae, le mieux est de dormir dans le village d'Andrissena, dont les approches, quand j'y vins par les pentes du lycée, me rappelèrent les environs de La Bourboule en Auvergne : vaste paysage rond et verdoyant, des rochers, des prairies, des vaches et leurs sonneries le soir.

La nuit passée dans un pauvre logis, nous partîmes à la première heure vers les ruines du temple. Depuis longtemps, déjà, il faisait petit jour, quand deux doigts de couleur rose vinrent se poser sur la pointe extrême des sommets ; c'était le reflet des feux du soleil, cachés à notre vallon par les montagnes. Ce rose inimaginable, ce rose franc sur un petit espace de neige fut le brusque signal de la pleine lumière. Une fois de plus, l'antique aurore venait d'ouvrir les portes de l'Orient. La monotonie du voyage, dans ces premières heures du jour, est d'une douceur incomparable. Sous nos climats, avec nos mœurs, nous voyons mal le vêtement de la nature. Quand je montais les pentes de Bassae, depuis une semaine, je n'avais reçu ni lettre ni journal. Ainsi délivré du monde, l'esprit se donne tout aux sensations immédiates. Une eau qu'on traverse à gué, un arbre sous lequel on se courbe, un parfum fait une délectation. Je me rappelle la branche d'aubépine humide dont était orné mon mulet. Nous allions de colline en colline, à travers les sentiers sauvages et, parfois, dans les lits de torrents. Des vallons de genêts jaunes succédaient à des forêts de ronces violettes. Bientôt nous eûmes, au-dessous de nous, un silencieux pays bleu de montagnes. À huit heures, la chaleur commence et les fulgurations. On avance au milieu des poussières concassées, brûlées, de quarante hauts fourneaux qui, pendant des siècles, auraient, ici, entassé leurs laitiers. Soudain voici Bassae.

Bassae, petit temple dorien, bijou parfait que l'on découvre, à l'imprévu, dans un vallon des sommets. Trente-six colonnes surmontées de l'architrave demeurent debout. Elles sont en pierres bleuâtres, teintées de rose par un lichen. Des chênes clairsemés les entourent, et puis, c'est la solitude lumineuse aux horizons indéfinis sur les montagnes, les forêts et les golfes. Désert qui rend plus émouvante cette petite ordonnance humaine !

Auprès des ruines de Bassae, comme dans les paysages à fabrique de Nicolas Poussin, quelques figures de chevriers donnent les proportions. Sont-ils éloignés ou proches ? Ils sont mangés, vaporisés par l'ardente lumière, fondus dans l'argent liquide de cette atmosphère où leur forme fait seulement un petit brouillard qui tremble. Notre agoyate les appela. Ils m'apportèrent une jatte de quatre ou cinq litres de lait avec une louche en bois...

Aujourd'hui encore, dans mon souvenir, le plus ordinaire des chênes de Phigalie demeure une personne glorieuse de qui je voudrais m'informer auprès de tous les voyageurs. Les chèvres l'ont-elles épargné ? Les pierres du temple ne meurtrissent-elles pas ses rejets ?

Il serait absurde que nos idées modernes et nos sentiments propres voulussent se loger dans la maison d'Apollon. Mais elle nous donne une leçon de goût qui nous contraint à rougir de notre âme encombrée par tant d'images vulgaires, luxueuses ou incohérentes. C'est sur les ruines de Bassae que j'ai compris un mot de Taine (que m'avait transmis Paul Bourget). Taine disait avec indignation : « M. Hugo est un malhonnête homme. Il raconte qu'un lion furieux a broyé entre ses dents les portes d'une ville. Les félins ne peuvent pas broyer ; on ne broie qu'avec des molaires, et les molaires du lion ont évolué en canines, pointues, tout en crochets, sans surface masticatrice. » Excessive boutade, peut-être, mais sa rigueur invite heureusement l'artiste à se régler. Mon ami, le pauvre Guigou, se fâchait contre Taine, il disait que le poète a des droits... mais un passant, fût-il poète, qui respira la vertu d'un matin grec aux vallons de Phigalie, ne veut plus subir l'attrait des imaginations monstrueuses.

Il y avait trois heures, peut-être, que nous avions quitté le temple. Nous cheminions... nos muletiers, d'un geste, appellent, à soixante mètres, un paysan, qui accourt avec une petite outre. Il la soulève ; ils boivent une lampée chacun, puis ils tirent de leur gousset, celui-ci une pincée de tabac blond, et celui-là quelques feuilles de papier qu'ils lui remettent. C'est l'antique simplicité des échanges pastoraux. À toutes ses étapes, ce brûlant voyage du Péloponnèse nous offre des images familières et nobles comme elles abondent dans l'*Odyssée.* je me rappelle nos haltes brèves aux fontaines. Le muletier fait boire sa bête, puis la chassant d'une tape sur le mufle, il met sa bouche dans la même eau. Après cette fraternité, la caravane reprend sa marche sous le soleil.

Au milieu de ces friches interminables, où nul sentier n'est dessiné, nous traversions des buissons d'arbres et d'arbustes, qu'à ma grande surprise, je reconnaissais. Vigoureux, en plein air, voici les jolis seigneurs si frêles que ma mère cultivait en caisses, avec tant de plaisir, dans la maison de mon enfance. C'est bien sûr qu'ils vivent ici leur véritable destin. Mais à mon sentiment, dans cette liberté, ce sont des réfractaires, des esclaves marrons.

Interminables journées ! On rêve d'un chapitre où l'on noterait le cri, l'odeur, les sensations indéterminées qui flottent sur chacun des grands pays romanesques du monde... j'ai dans l'oreille le cri fou des femmes liguriennes, vendeuses de poisson, et de qui la voix se brise en sanglots, en rires, je ne sais, vers neuf heures, par un clair soleil, au fond des basses rues du Vieux-Nice... les appels variés des marchands qui poussent leurs charrettes dans la boue du Paris matinal remuent et raniment les sensations fortes et vagues que j'avais, il y a vingt ans, jeune provincial fraîchement débarqué de Lorraine... et comme l'avertissement mélancolique des gondoliers de Venise s'accorde au clapotis des noirs petits canaux, les deux, trois cris de l'agoyate poussant sa bête, s'associent étroitement avec le soleil, le cailloutis et les yeux brûlés du Péloponnèse. Hourri... oxo... Ce sont juste les syllabes gutturales que Wagner prête aux Walkyries.

J'arrivai vite à regretter les pâturages de France. Dans les misérables *khani* ou bien sur le dos de ma bête, je rêvais, il m'en souvient, de la vallée, si drue de verdure, où des peupliers, des platanes et des tilleuls fraîchissent autour de Nogent-Sur-Seine. Parmi ses grandes prairies et annoncée vers Paris par une allée couverte, que Nogent-Sur-Seine est aimable, d'agrément naturel, avec son fleuve et ses canaux, où transparaît une forêt d'algues éternellement peignées par le courant ! Le bruit des vannes, l'odeur saine des joncs et des arbres, les glycines qui pendent des modestes maisons, toute cette atmosphère de nos campagnes françaises que nous avons parfois méconnue, mais où notre énergie peut travailler, comme une roue de moulin clapote dans la rivière, ah ! Que nous la regrettions, sur l'échine de la bête qui nous menait, avec trente siècles de retard, aux Jeux Olympiques, c'est-à-dire en face du secret essentiel de la Grèce.

***

Olympie fut la dernière étape de mon excursion. C'est là que j'ai pris ma plus claire idée de la Grèce ancienne. J'ai vu les cités comme autant de haras qui venaient éprouver sur le stade la forme de leurs produits.

La Grèce fut un groupement de petites sociétés pour l'amélioration de la race hellénique. Et le culte de la race, s'il nous donne le secret d'une énergie et d'une aristocratie incomparables, nous explique aussi la décadence.

Les meilleures précautions imaginées pour protéger et améliorer l'espèce dans chacun de ces petits cantons devaient cependant l'appauvrir. Le souci de garder la pureté ethnique est à la fois sagesse et démence. Un peuple produit alors une sécrétion qui lui est propre ;

mais très vite il s'épuise. Les guerres, les massacres des partis, l'affranchissement des esclaves, les émigrations avaient raréfié le sang grec, quand le flot barbare submergea les Acropoles.

Mais c'est une grande force qu'un beau nom ; il stimule l'âme et dirige l'imagination. J'éprouve beaucoup de respect pour les peuplades qui habitent encore le sol vénérable de la Grèce. À toutes les minutes de leur vie publique et privée, ces héritiers se flattent de sentir dans leurs veines la vertu des héros. Est-ce trop d'amour-propre ? Je ne me permets pas d'en décider. Si le vieil arbre rejette d'authentiques pousses, nous le verrons bien aux fruits. Si le petit royaume turc, allemand, français, est une véritable Grèce, les sceptiques seront confondus quand Phidias construira un nouveau Parthénon, quand Sophocle nous redonnera une *Antigone* et que la raison de Thucydide illuminera la physionomie de M. Jean Psichari.

Je penche à croire que ça ne tardera guère. D'une manière générale, en 1900, les enfants au-dessous de sept ans étaient délicieux de flamme et de bonne grâce. Devenus grands, ils ne seront pas gênés de manifester avec force leurs mérites, car leurs pères, avec un génie commercial dont nul voyageur ne doute, ont dû leur amasser, sans en avoir l'air, de l'indépendance et de la fierté.

Au reste, qu'on ne me soupçonne pas de parler légèrement des athéniens modernes. Aucun patriote et même aucun homme imaginatif ne peut être insensible au zèle religieux qu'ils veulent déployer pour reconquérir sur les barbares une Grèce que l'histoire, sinon la nature, leur a mise dans le sang.

1900-1905.

Maurice Barrès

(1862-1923)

1862 – Maurice Barrès naît à Charmes, dans les Vosges, le 19 août.

1870 – Il est sensible à l'humiliation de la défaite et des trois ans d'occupation : *« C'est persuasif pour toujours, écrira-t-il vers la fin de sa vie, d'avoir vu dans sa huitième année une troupe prussienne entrant sur un air de fifre dans une petite ville française. »*

1873 – Le jeune Barrès entre au collège de la Malgrange près de Nancy, où il est très malheureux.

1877-82 – Au lycée Poincaré de Nancy, son professeur de philosophie, Burdeau, lui inspirera plus tard le personnage de Bouteiller dans *Les Déracinés.*

1882 – Barrès a vingt ans. Il entreprend un voyage en Italie dont il revient avec un sentiment de splendeur et de tristesse qu'il définira dans *La Mort de Venise.*

1883 – Il vient à Paris faire des études de droit qui ne l'intéressent pas et fréquente assidûment les cénacles littéraires de Leconte de Lisle et les milieux symbolistes. Les articles qu'il publie presque aussitôt dans les revues d'avant-garde sont immédiatement remarqués.

1884 – Il lance une revue périodique, *Les Taches d'encre,* dont les quatre numéros sont entièrement écrits de sa main. Il se moque des maîtres à penser de la IIIe République : Taine et Renan.

1888 – Il publie le premier roman du *Culte du moi : Sous l'Œil des barbares.*

1889 – Publication du deuxième : *Un Homme libre.* En janvier, Barrès fonde *Le Courrier de l'Est,* un journal boulangiste. En avril, il est élu député boulangiste de Nancy. Il siège à la Chambre jusqu'en 1893.

1891 – Publication du troisième volet du *Culte du moi : Le Jardin de Bérénice.* Barrès est sacré "prince de la jeunesse".

1892 – Il effectue un voyage en Espagne, se passionne pour Cordoue et Tolède.

1894-95 – Il fonde en septembre un petit journal nationaliste, antiparlementaire et xénophobe, *La Cocarde,* auquel collaborent des monarchistes, des socialistes, des anarchistes, des juifs, des protestants.
Le 15 octobre, on arrête Alfred Dreyfus. Barrès fait paraître un recueil de récits, de descriptions et de pages de critiques : *Du sang, de la volupté et de la mort.*

1897-1902 – Publication de la trilogie du *Roman de l'Énergie nationale : Les Déracinés, L'Appel au soldat* et *Leurs Figures).*

1898 – Antisémite et xénophobe, il est un des fondateurs de la Ligue de la Patrie française.

1900 – Barrès décrit l'épisode boulangiste dans *L'Appel au soldat.* Sa vie pleine d'action ne suffit pas à son besoin de grandeur qu'il croit satisfaire par un voyage en Grèce. Il s'embarque en avril.

1902 – Il publie dans *Scènes et doctrines du nationalisme* de nombreux textes animés par l'antisémitisme le plus élémentaire.

1903 – Publication de *Amori et Dolori sacrum* inspiré de Venise.

1905-09 – Publication *des Bastions de l'Est :Au service de l'Allemagne* et *Colette Baudoche.*

1906 – Publication du *Voyage de Sparte.* Après plusieurs tentatives malheureuses, il est élu député de Paris, dans le quartier des Halles, ainsi qu'à l'Académie le 26 janvier.

1912 – Publication de *Le Greco ou Le Secret de Tolède.*

1913 – Publication de *La Colline inspirée* et du pamphlet *La Grande pitié des églises de France.*

1914-18 – Barrès succède à Paul Déroulède à la tête de la Ligue des patriotes et s'impose la tâche de publier dans *L'Écho de Paris* des articles quasi quotidiens (ultérieurement recueillis dans les quatorze volumes des *Chroniques de la Grande Guerre*) afin de soutenir le moral du pays. Romain Rolland le surnomme le “Rossignol du carnage”. Publication des *Diverses familles spirituelles de la France,* œuvre de réconciliation nationale.

1921 – Dans *Le Génie du Rhin* (1921), il appelle les jeunes Français et les jeunes Allemands à se réconcilier et à se consacrer à une tâche commune.

1922 – Repris par la tentation de l'Orient, il publie *Un Jardin sur l'Oronte,* qui suscite la réprobation de la critique bien-pensante.

1923 – Barrès meurt à Neuilly-sur-Seine le 4 décembre. Il travaillait alors sur le manuscrit du *Mystère en pleine lumière.*

1930-56 – Publication posthume de son journal intime : *Mes Cahiers.*

Heureux qui comme...
Collection conçue et produite par Marc Wiltz
dirigée par Émilie Cappella

autres titres disponibles :

1. *La Sicile* - Guy de Maupassant
2. *Pompéi* -Théophile Gautier
3. *Rome* - Joseph Mery
4. *Florence* - Alexandre Dumas
5. *Venise* - Alfred de Musset
6. *Athènes* - Alphonse de Lamartine
7. *Les Jeux Olympiques d'Athènes en 1896* - Raoul Fabens
8. *Les Cyclades* - Arthur de Gobineau
9. *Sparte* - Maurice Barrès
10. *Le Péloponnèse* - Edmond About
11. *Le Mont Athos* - Antonin Proust

Isbn : 2-914330-63-4
Dépôt légal mai 2004

MAGELLAN & Cie

Imprimé en France par Hérissey à Evreux (Eure)
N° d'impression : 96816